LE DISCOVRS EFFROYABLE,

D'vne fille enleuée, violée, & tenuë
plus de trois ans par vn Ours
dans sa cauerne.

Auec vne miſſiue ſur le meſme
ſubject.

A PARIS,

Iouxte la coppie imprimee à Lyon.

M. DCV.

L'IMPRIMEVR AV LECTEVR.

LE defir que i'ay (amy Lecteur) en ma vocation de feruir au public, & ayant receu de quelque mien amy l'imprimé à Lyon en cet an prefent 1605. depuis peu de temps, touchant ce qui eft aduenu à vne fille de Sauoye, enfemble la coppie d'vne miſſiue efcrite, non encor imprimee, laquelle traitte prefque de femblable fubiect; m'a faict prendre enuie de le mettre en lumiere, efperant que cela pourra feruir à plufieurs, pour les mettre & tenir en la protection & fauuegarde de noſtre bon Dieu. Bien vous foit.

COPPIE D'VNE MISSIVE,
AV-DESSVS DE LAQVELLE
est escrit,

A tres-illustre, vertueuse & deuote dame, Mag-
delene de Mascaret, dame de S. Auy, à S.
Auy en Dunois.

ADAME,
Comme ainsi soit que si ie voulois en vous escriuāt imiter le pere S. Hierosme, lequel souuent remettoit deuant les yeux de ces Religieuses dames, Paula & Eustochium, la grandeur & noblesse de leur sang romain, pour les exciter à la vertu Angelique de virginité & chasteté (belle, plaisante & tres-agreable à Dieu entre toutes vertus) il se trouueroit assez dequoy traicter en vostre genereuse extraction : mais dés voustre ieunesse vous auez tellement renoncé au monde, resisté au diable, & crucifié voustre chair, qu'il semble que vous y viuiez sans vous ressentir d'icelle. Heureuses les filles lesquelles quittent & abādonnent le monde, comme celles de noustre Dame Deschamps Carmelistes, & les Capucines des faux-bourgs lez Paris. Car tresbien nous enseigne sainct Pierre, que nous soyons sobres & vigilans contre noustre aduersaire le diable, qui cerche ceux & celles

qu'il pourra deuorer: n'eſtoit l'ayde du Seigneur
(que nous deuons inuoquer ſans intermiſſion)
penſez ie vous prie combien nous ſommes foibles
& debiles. Dauid chante la vie de l'homme comme la fleur des champs, ſubjete à pluſieurs perils &
dangers: le Soleil la bruſle, le vent la ternit, l'homme la foule aux pieds, les beſtes la mangent, l'eau la
noye, la chaleur la fletrit, &c. Et quels ſont les dã-
gers & le hazard que l'homme encourt en ſa vie,
vne petite douleur le tuë, vne infirmité le fait
mourir; Il ſe ſubmerge en mer ſemblable à la nauie-
re flotante, au heurt il s'entr'ouue & s'enfon-
dre ; les corſaires du diable, du monde, & de
la chair l'accablent, le fracaſſent & bruſlent : ſi
auec S. Paul & les fortifiez de la grace, dans les
ramparts Chreſtiens il ne bataille vaillamment.
Or d'autant que la tour de virginité eſt ſi belle, que
le Meſſie l'a choiſie pour prendre & rachepter
noſtre nature, l'ennemy braque contre ordinaire-
ment ſon canon: *ô quam pulchra eſt* (dit le Sage) *caſta*
generatio cum charitate. Ceſte noble vertu fiſt repo-
ſer l'euangeliſte ſur l'eſtomach de noſtre Seigneur,
où luy furent reuelez les ſecrets celeſtes, & l'eſtat
de toute l'egliſe militante en l'Iſle de Pathmos: elle rauit le vaiſſeau d'election au troiſieſme ciel, &
luy fit voir l'eſſence diuine ; elle ouurit les cieux à
S. Eſtienne: & rend les eſprits plus ſubtils en la co-
gnoiſſance des choſes diuines de ceux & celles qui
l'aiment & poſſedent. S. Thomas d'Aquin, orné
de chaſteté reluiſt en l'Egliſe par vne ſapience admirable : c'eſt le fondement propre pour edifier
toutes ſortes de vertus, que la virginité & chaſteté. Comme entre les vices nul ne trouble ſi fort

l'entendement, ny n'offulque la raifon, que la pail-
lardife. Car quelque peché que l'homme face, il
eſt hors de ſon corps, & qui paillarde il peche dans
iceluy: Au contraire la chaſteté met l'homme en li-
berté, & ſouſmet tout ſes ſés à la raiſon: le Seigneur
tres-pur ſe plaiſt parmy les lys, parce qu'il ſe de-
lecte en la pureté & blancheur de la chaſteté: elle
eſt belle, ſemblable à la roze, & ſa memoire eſt de
clarté immortelle entre les eſpines, deuant Dieu
& les hommes: le S. Eſprit n'habite és corps immundes; ains és chaſtes & nets, qui ayment Ieſus-
Chriſt. Quand nous conſiderons ce que dit l'A-
poſtre, que les immundes ne poſſederont point le
Royaume de Dieu, que le peché de la chair eſt vn
feu infernal, dont la matiere eſt la gloutonnie, la
flamme l'ordure, la cendre l'immundice, la fumée
l'infamie, & la fin le tourment eternel: meſmes
que c'eſt la deſtruction du corps, l'abreuiation de
la vie, la corruption de vertu, la tranſgreſſion de la
loy; & que les autres vices ne gaſtent qu'vne partie
de l'homme, à ſçauoir l'ame, mais que ce vice l'in-
fecte tout, voire que les plus rigoureux chaſtimens
que Dieu a iamais faicts, & les hommes ſacrez &
prophanes, ont eſté pour ce peché; cela nous eſ-
chauffe en l'amour de Dieu, nous rend ſobres, nous
faict occuper és ſaincts exercices, & deſtourner les
yeux de la vanité. O la belle chaſteté (madame) qui
ne peut eſtre oſtée ſans le conſentement, pour laquelle garder toutesfois, nous deuons fuyr les oc-
caſions que nous voyons ſouuent violler & dé-
truire les temples du Seigneur, & nous affection-
ner à ſa parole & à ſon diuin ſeruice. Car (comme
dit S. Auguſtin ſur ces mots, *bruſle mon cœur & mes*

reins)il n'y a rien qui mortifie, confume, & aneantiffe tant toutes nos mauuaifes & charnelles affections que la parole de Dieu, auec la vertu & efficace de fon S. Efprit, quand il eft conioinct auec elle. Voila ce qui vous a faict laiffer la hauteffe des nobles du monde, la foye, le velours, le fard, les fenteurs, les mommeries, fauces perruques, doreures, perles & autres fumptuofitez que le fang & la race d'où vous eftes yffuë, & les moyens de voftre maifon, vous pouuoient entretenir : & ce qui vous a faict embraffer l'humilité chreftienne, mettre de l'huille en voftre lampe, comme les fages vierges, pour entrer auec elles chez l'efpoux de nos ames Iefus-Chrift.   Nous auons iufte raifon madame, tant de l'vn que de l'autre fexe, de fuyr la volupté : Confideré qu'elle eft fort dangereufe & venimeufe, reprefentée par vn poiffon de la mer, que les Latins nomment *torpedo*, qu'on pourroit appeller en François pareffe, non qu'il foit lent & tardif à s'efmouuoir, mais à caufe d'vne vertu & faculté admirable qu'il a: Car chaffé du pefcheur, ou de quelque autre poiffon, il efpand en l'eau vn certain humeur veneneux, dont nature l'a voulu armer pour fa deffenfe, lequel a cefte force d'arrefter tout court toute befte, quand elle en eft atteinte, luy eftonnant tous les nerfs, & comme les liant en forte qu'elle ne fe fçauroit non plus remuer que fi elle auoit efté frappée de quelque paralyfie, epilepfie ou mal caduc; & fait encor dauantage, parce qu'ayant efté cefte poifon efpanduë & iettée dedãs l'eau où eft le filé tendu pour le prendre, s'il auient auant que fa force foit diffipée que quelqu'vn des pefcheurs la vueille tirer ou y toucher, il en eft auf-

ſi bien attaint que s'il euſt mis ſa main en l'eau.
en quoy la nature de la volupté nous eſt fort pro-
prement figurée. Car ſi nous la voulons rechercher
pour quelque apparente felicité qu'elle nous pro-
met, & ie ne ſçay quelle douceur fantaſtique que
nous eſperons de la iouyſſance d'icelle; elle tout
incontinent nous engourdit & l'eſprit & le corps:
de façon que de l'vn nous ne pouuons plus rien
aduiſer qui ſoit honneſte, & auſſi peu l'executer de
l'autre. Dauid, Salomon, Sanſon & autres ont eſté
empoiſonnez par ce ſerpent, beſte cruelle, qui rend
pluſieurs ſes eſclaues, & les lie de cheſnes de dia-
mant. Il eſt de tant plus odieux qu'il cele ſon ve-
nin, ayant veſtu l'habillement de beneuolence, tra-
hiſſant la vertu, & tuant la creature raiſonnable
en la flattant. On feint qu'Hercule rencontra vn
iour la vertu & le vice tous deux en forme & habit de femmes, & que le vice eſtant veſtu d'vne ro-
be ſuperbe, delicieuſe, pompeuſe, & laſciue, ayant
vn viſage riant, fardé & coloré, merueilleuſement
attrayant pour la douceur & beauté floriſante qui
ſembloit eſtre en luy, ſe preſenta ſoudain audit
Hercule, luy diſant, que s'il le ſuiuoit, il le feroit
viure toute ſa vie en delices & plaiſirs: mais la vertu
auec vne face triſte, maigre & deffaicte, & vn habit
long & ſimple, ſans aucunement orner ſon langa-
ge, luy vſa de ces propos: adreſſe-toy à moy Hercule, & ſi tu le fais, tu ne te trouueras doüé d'orne-
ment corporel, ny de beauté affluente & periſſable,
ains bien auras tu certains autres biens & richeſ-
ſes, qui vallent mieux, & durent eternellement. Et
quiconque m'a creu, laiſſant ce qui ſemble beau: &
s'attachant aux choſes qui parroiſſent auſteres &

dures, reçoit en fin vne felicité perdurable, de sor-
te que le plus certain & meilleur moyen que ie
trouue pour vaincre ce vice, c'est de le fuyr. Mais
où yrons-nous ? en beaucoup de lieux il y a peu
de seureté : comme monstre le discours d'vne fille de chambre, imprimé l'an dernier à Paris,
(chose ignominieuse) qu'elle eut la compagnie
d'vn singe, dont elle produict vn monstre en la ville de Messine. Helas ! que le diable est fort, fin &
cauteleux, & que de diuerses inuentions il a pour
tromper en ce peché abominable, si bien en la grace de Dieu nous ne fermõs toutes les portes de nos
sens, & n'en d'estournons nostre pensee en l'occu-
pant ailleurs. Il se met en demon incube ou succu-
be, ce qui se pratique és sorciers & sorcieres & par
Sodomie, miserable & infame, il desborde les
bestes pour rendre pires que bestes ceux & celles
qui ont esté creés pour remplir les sieges des An-
ges. Ah que le feu non seulement de ce monde,
mais d'enfer ne brusle-il desia telles creatures, lesquelles de leur cõsentement sont polluës & souil-
lees de ceste infection ! I'ay veu vne femme laquelle auoit demeuré long temps soubs les sei-
gneuries du seigneur de Montigny sur Aure (braue
& chaste Cheualier de la maison de l'Aual) qui fut
executée, & bruslee, il y a quelques annees aupres
de Bresoles, pour auoir esté trouuée coulpable de
s'estre ioincte (abomination que ie crains reciter)
à vn chien mestif. Et ce qui m'a esmeu à vous es-
crire vne si longue lettre missue de la chasteté que
tant vous aymez, contre la volupté que tant vous
hayssez, ce a esté le discours que ie vous enuoye imprimé à Lyon, d'vne fille de Sauoye: vous y verrez

comme le diable s'eſt ſeruy d'vn Ours, penſant luy
oſter tout ce que nous auons de plus beau, c'eſt la
chaſteté : elle pouuoit bien dire apres le rapt faiĉt
d'icelle par cet Ours, ce qu'vn Poëte a chanté en la
perſonne d'vne de ce temps.

Lieux du monde eſloignez, effroyables & ſombres,
Habitacles des morts, ie me pleins dans vos ombres,
   Vos nuicts vont m'aueuglant pour ne voir mes mal-
     heurs,
L'obſcurité ne plaiſt, le Soleil n'importune,
   Et ſans voir par mes yeux ce que i'ay d'infortune,
C'eſt aſſez qu'en mon cœur i'en ſente les douleurs,
   De tant de maux diuers ma fortune eſt ſuiuie
Que ie vay ſouhaittant n'auoir point eu de vie,
   Ou ſans long temps languir arriuer à la mort,
Ainſi que le nocher tourmenté de l'orage,
   Voudroit n'auoir encor commencé ſon voyage,
Ou paſſant les perils ſurgir dedans le port.

Les miſeres de ceſte pauure fille dans la cauerne
de cet Ours ſont plus incroyables que la victoire
obtenuë par le docte religieux Iourné contre les
miniſtre & pretendus reformez dé chaſteau d'Vn ;
laquelle nous fut dernierement verifiée & approu-
uee par le ſieur Bailly du Perray, de la Ferté Ville-
nueil, ville & Chaſtellenie qui appartient à mon-
ſeigneur de Guepray. I'enuoye à vne de vos (pru-
détes & ſages) filles, madame de Fuguerolles, le li-
ure intitulé les ſouſpirs de l'Ame Penitente , & ne
luy ay peu trouuer en proze les larmes de ſainĉt
Pierre. De tout mon cœur ie ſupplie noſtre Seigneur Ieſus-Chriſt,

Madame, qu'il vous continuë de plus en plus
ſes ſainctes graces & benedictions en ce ſiecle, &

vous face iouïr en l'autre, auec la Royne des Vierges, sa tres-digne mere, de la felicité eternelle.

Voſtre tres-humble, obeïſſant & affectionné ſeruiteur ſelon Dieu,

CLAVDE LE GRIX.

De l'Hoſtel de Royaumont à Paris, ce 13. de Decembre 1605.

DISCOVRS EFFROYABLE,
D'VNE FILLE ENLEVEE, VIO-
lee, & tenuë plus de trois ans par
vn Ours dans sa cauerne.

ORS que nous venons à conside-
rer les desastres & autres prodi-
ges, ou bien accidens, qui arri-
uent par fois au genre humain ; il
semble que nous deussions tout
incontinent accuser sa nature, cô-
me estant la mere de ces effects; mais comme nous
regardons à sa benignité, soudain nous sommes
contraints de loüer ces actions, & approuuer côm-
me il est certain qu'elle balance les deux parties :
Car si Acteon fut deuoré de ces chiens; par-contre
Remus & Romulus furent nourris & alaictez d'v-
ne Louue. Ie ne me veux amuser à vous descrire
d'autres figures, seulement ie me contenteray de
vous desduire ce petit discours tres-veritable.

DANS les montagnes de Tarantaise il y a vn petit village nommé Naue, du Diocese de Moitier:
en ce lieu vn paisant nommé Pierre Culet, assez
riche en bestail & territoire, auoit vne fille fort
belle, nommée Anthoinette, âgée d'enuiron seize à
dix-sept ans, laquelle il enuoyoit par fois garder
les brebis & autre bestail. Vn Dimanche de Roga-
tions en l'année 1602. il arriue inopinément vn

Ours terrible & eſpouuentable, lequel ſe ſaiſit de
ceſté pauure fille,& l'emporta dans ſa cauerne,qui
eſt tres-profonde dãs la roche:& à la bouche de ladite cauerne, ceſt animal rouloit vne pierre de
groſſeur eſmerueillable : puis ceſte beſte farouche,
brutte & irraiſõnable par force iouyt de ceſte pauure creature. Ne voila pas, Meſſieurs, vn terrible
accident,qu'il faille qu'vne pauure fille,lauée au S.
Sacrement de Bapteſme,ſoit forcée & contrainĉte
obeyr à ce ſauuage & tant horrible animal.

Ceſt Ours eſtoit tellement amoureux d'icelle,
comme elle a dit du depuis qu'on l'a trouuee,qu'il
alloit au pourchas par les villages des montagnes
prochaines,& luy apportoit pain,fromage,fruiĉts
& autre choſe, dont il pretendoit qu'elle euſt de
beſoin.

Dés le iour qu'elle fut prinſe,ſon pere fiſt toute
diligêce pour ſçauoir où elle auoit tiré ; mais pour
neant. Il ſe doutoit aucunement qu'elle n'euſt
eſté deuorée des beſtes brutes ; & comme il n'en
retrouuoit nulle nouuelle,il ne ſçauoit que preſu-
mer. Il y a peu de temps en la preſente année que
le cas fut tel,que le parrain qui l'auoit porté bapti-
ſer, accompagné de deux autres de ſon lieu,eſtoit
allé couper des pins,enuiron vn traiĉt d'arbaleſte
de ceſte cauerne:ceſte pauure fille qui n'auoit ſenti
ame viuante depuis ſon rapt,oyant frapper de la
coignée & quelque bruit de voix humaine, & ayãt
vn extréme deſir de ſortir de ceſte captiuité bruta-
le,d'vne voix ranque & piteuſe s'eſcrioit tãt qu'elle pouuoit. Leſdits bucherons éſbays d'entendre
vne ſi profonde voix,ignorãt que ce pouuoit eſtre,
preſumoient entre eux que ce fuſt quelque eſprit ;

mais comme ils oyoient redoubler si souuent ces cris, qui se faisoient plaintiuement rententir des lieux cauerneux, cela occasionna l'vn d'eux, plus hardy que les autres, à s'approcher assez pres de la bouche de la cauerne: & apres auoir escrié que c'estoit qui crioit, incontinent ceste pauure captiue respond; Ie suis la miserable Anthoinette Culet, de Naue: dónez-moy secours au nom de Dieu, vn Ours ma detenuë en captiuité il y a desia long temps: pendant qu'il est au pourchas, sortez-moy d'icy, ie vous suplie; son heure est de venir sur la nuict. Cestuy promptement le va raconter à ses compagnons, qui subit manderent au prochain village, & firent assemblee de quelque vingt-cinq, lesquels vindrent droit à la cauerne, & auec force leuerent la pierre, & firent sortir ladite fille. Ceste pauure fille se iette à eux, qui sembloit plustost estre sauuage qu'humaine, toute herissée, crasseuse & toute tremblante; puis d'vne voix pitoyable les prioit auoir pitié d'elle, & la conduire iusques à la maison de son pere. Estant donc menée, & enquestée comme elle fut prinse: leur conta tout au long comme l'Ours l'auoit rauie & amenée en sa cauerne:& aussi comme il luy aportoit du pain, du fromage & fruicts plains paniers, & mesme quelquefois du linge fileté & chanure: & comme contre son gré ce meschant animal auoit eu sa compagnie, dont elle dit qu'elle auoit fait dans ceste cauerne vn monstre, sçauoir depuis le nombril en bas en façon d'Ours, & le reste en semblance humaine: mais comme ce meschant animal le vouloit tousiours auoir entre les pattes, l'estrangla de trop le serrer: & comme il le vit mort, iettoit des

cris ſi eſpouuentables, que toute la roche en re-
tentiſſoit. Ainſi on la fit lauer, habiller de neuf, &
couper ſes cheueux.

Ne voicy pas, Meſſieurs, vne choſe prodigieu-
ſe, que la nuict conſecutiue, que ceſte pauure fille auoit eſté r'amenée au logis de ſon pere, ceſt
Ours deſeſperé d'auoir perdu ſa chere priſonniere,
ou à la ſenteur, ou à la piſte, ne manque point de
venir ceſte nuict meſme donner vne telle alarme à
la porte de la maiſon où elle eſtoit, auec des cris &
hurlemens ſi eſpouuentables, que tous ceux de
dedans penſoyent entierement eſtre tous perdus.

Le lendemain les voiſins s'aſſemblerent & firent
embuſches expres, eſperant qu'il reuiendroit: ce
qu'il ne manque de faire. Incontinent luy fut tiré à
heure nocturne, vne douzaine d'arquebuſades, dõt
il fut bleſſé en ſix endroits. Comme il ſe ſentit bleſſé, eſtant tout furieux & en deſeſpoir, il ſaute vne
haye, & par cas-fortuit treuue derriere icelle vn
des ſeruiteurs du pere de ceſteditte fille, armé d'v-
ne fourche de fer, de laquelle il ne ſceut ſi bien eſ-
crimer, que ceſt Ours ne l'eſtranglaſt ſur le champ:
puis de rage auec les dents, ſe iettoit, mordant les
arbres & buiſſons: bien eſt vray qu'il ne fit pas qua-
rante pas qu'il ne mouruſt deſdites bleſſures. Pluſieurs qui l'ont veu mort ont aſſeuré n'auoir onc-
ques veu Ours d'vne telle grandeur.

Pour le regard de la fille, elle eſt tellement triſte
& deſolée, qu'on ne la peut reſiouïr ny conſoler.
Dieu par ſa ſaincte grace en aye pitié, & preſerue
les autres d'vn tel accident. Ainſi ſoit-il.

F I N.

www.ingramcontent.com/pod-product-compliance
Lightning Source LLC
LaVergne TN
LVHW010916180726
843502LV00010B/4170